AF338401

LA QUESTION

DES

CHEMINS DE FER

D'INTÉRÊT GÉNÉRAL

DANS

LA NOUVELLE ORGANISATION ADMINISTRATIVE ET FINANCIÈRE DE L'ALGÉRIE

PAR

F. de SOLLIERS

ANCIEN DÉPUTÉ. — DÉLÉGUÉ FINANCIER

ALGER

IMPRIMERIE ORIENTALE PIERRE FONTANA ET COMPAGNIE, RUE D'ORLÉANS, 29

1901

LA QUESTION

DES

CHEMINS DE FER

D'INTÉRÊT GÉNÉRAL

DANS

LA NOUVELLE ORGANISATION ADMINISTRATIVE ET FINANCIÈRE DE L'ALGÉRIE

PAR

F. de SOLLIERS

ANCIEN DÉPUTÉ. — DÉLÉGUÉ FINANCIER

ALGER

IMPRIMERIE ORIENTALE PIERRE FONTANA ET COMPAGNIE, RUE D'ORLÉANS, 29

1901

PRÉFACE

Sur les conseils de quelques amis, favorablement impressionnés sans doute par l'indéniable importance du sujet de la présente étude, nous nous sommes décidés à présenter au grand public deux rapports que nous avons récemment soumis au *Syndicat Commercial* sur la question des chemins de fer d'intérêt général dans l'organisation administrative et financière de l'Algérie prévue par la loi du 19 décembre 1900.

Nous reproduisons ces deux documents sans y rien changer, quant à la forme ou quant au fond, voulant ainsi bien marquer que nous entendons les placer directement sous les auspices du *Syndicat Commercial* qui a consenti à en adopter entièrement les conclusions.

Nous devons dire qu'une telle approbation nous a été infiniment précieuse, venant d'un groupe d'hommes rompus à la pratique des affaires, lesquels sans nul souci de la réclame électorale et indifférents aux mandats politiques se consacrent honnêtement et laborieusement à la défense de leurs intérêts professionnels, sans négliger dès que l'occasion s'en présente, la défense des intérêts généraux du pays.

Il serait fort à désirer, notons-le en passant, que cette libre Compagnie ainsi que celles déjà assez nombreuses qui se sont créées en même temps qu'elle, aient de plus en plus conscience du rôle important qu'elles auraient à jouer dans le développement de nos libertés locales.

Cette série d'organes distingués de l'opinion publique, absolument indépendants, dont aucune attache officielle ne bride les initiatives, éclôt tout à fait à son heure. Le Syndicat Commercial, la Société d'Agriculture, la Section coloniale et économique de la Société de Géographie et bien d'autres, sont très indiquées pour devenir l'utile et même le nécessaire complément de nos Assemblées algériennes : Délégations Financières et Conseil Supérieur. Privées de la permanence, ces Assemblées auront tout juste le temps, dans les deux ou trois semaines consacrées annuellement à leurs sessions, de solutionner des questions qui devront leur être préalablement apportées déjà dégrossies, grâce au zèle et au labeur de quelques auxiliaires bénévoles et dévoués.

Quant à l'importance même des questions à examiner successivement, on peut s'en faire aisément une idée générale en remarquant que la loi du 19 Décembre 1900 qui a posé, comme nous le disons au début de notre premier rapport, le principe de l'indépendance administrative et financière de l'Algérie, n'en a toutefois tiré de conséquences qu'au point de vue budgétaire, et que toutes les autres applications au point de vue administratif, financier et commercial doivent en être cependant déduites, si l'on désire que l'indépendance qu'elle proclame soit autre chose qu'une forme à peu près vide, presque dépourvue de contenu substantiel, et je ne sais quel aliment trompeur destiné à irriter les désirs de la Colonie, beaucoup plus qu'à apaiser ses besoins légitimes.

En ce qui nous concerne, nous avons essayé de tirer une des conséquences les plus importantes du principe nouveau qui venait d'être proclamé. Il y avait urgence à le faire en présence des dispositions connues du Parlement pour une solution prochaine, et il nous a paru que puisque la Métropole procédait à l'établissement de l'Algérie, déclarée majeure, elle ne pouvait pour des raisons de convenance et même d'intérêt réciproque que nous exposons plus loin, se refuser à comprendre immédiatement dans son patrimoine un des éléments les plus importants de l'ancien domaine de l'État, c'est-à-dire les chemins de fer d'intérêt général non stratégiques actuellement existants.

Nous avons ainsi ouvert de notre mieux la voie à parcourir.

Que d'autres, Sociétés ou individus isolés, s'y engagent sans crainte à leur tour.

Maintenant qu'elle est un peu libre, c'est sur elle-même et non pas sur autrui que l'Algérie doit compter. Elle a des droits, les uns expressément, les autres implicitement reconnus ; qu'elle les défende tous.

Jura, vigilantibus prosunt, disaient déjà les jurisconsultes romains, ces maîtres dont le sens pratique ne sera jamais dépassé, ce qui signifie en bon français : Les droits profitent à ceux qui sont attentifs à s'en prévaloir.

Surtout que l'Algérie se garde d'étouffer ses revendications, comme le lui conseillent parfois des politiciens assez mal avisés, sous couleur de ne pas effrayer la Métropole par la vivacité de leur expression.

Ce qui pourrait, à juste titre, préoccuper la France et, en la laissant hésitante sur le point de savoir si elle a sagement agi en nous donnant quelques libertés, lui déconseiller peut-être d'en accroître dorénavant le nombre, ce n'est pas l'éclat de notre exhubérance, c'est bien plutôt l'équivoque de notre mutisme.

Nos hardiesses, en matière économique bien entendu, seront beaucoup moins déconcértantes pour tout esprit réfléchi que notre *indifférentisme* et la frigidité de nos sentiments, parce que l'un témoigne après tout d'une virilité de bon augure, tandis que l'autre laisse soupçonner une inaptitude radicale à gérer sérieusement ses affaires.

Même après la loi du 19 décembre 1900, certains se demandent si nous sommes capables d'user des prérogatives, d'ailleurs très atténuées, que l'on nous a concédées ; à l'intelligence et à l'ardeur que nous mettrons à les défendre et à en réclamer l'extension, nous prouverons que nous sommes de taille à les exercer.

Félix de SOLLIERS.

Dans l'étude que l'on va lire, nous avons essayé de poser et de résoudre deux questions :

I

A qui, État ou Colonie, les chemins de fer d'intérêt général non stratégiques doivent-ils immédiatement appartenir ?

Nous avons répondu : A la Colonie.

C'est là l'objet de notre premier rapport au Syndicat Commercial.

II

Comment les chemins de fer d'intérêt général, appartenant ainsi à la Colonie, doivent-ils être exploités ? Doivent-ils l'être directement par la Colonie ou bien doivent-ils l'être par l'intermédiaire d'une compagnie fermière ?

Nous avons répondu : Par la Colonie.

C'est là l'objet de notre deuxième rapport.

I

Les lacunes générales de la loi du 19 décembre 1900. — Etat de la question des chemins de
fer d'intérêt général. — Les incertitudes sur le point de savoir à qui appartiendront les
lignes d'intérêt général non stratégiques, antérieures à 1901, dérivent surtout de la
diversité des commentaires des rapporteurs de la loi au Sénat et à la Chambre. —
Critique de la thèse de M. de Verninac, rapporteur au Sénat. — Critique de la thèse
de M. Berthelot, rapporteur à la Chambre des Députés. — L'interprétation à donner à
la loi du 19 décembre 1900. — La solution qui aurait dû prévaloir. — Conclusion.

Les lacunes générales de la loi du 19 décembre 1900.

Messieurs,

La loi du 19 décembre 1900, qui dans son article 1 pose, on le sait, le principe de l'indépendance administrative et financière de l'Algérie en érigeant la colonie en personne civile capable de posséder un patrimoine, dont elle a droit de disposer sous certaines conditions déterminées, est loin d'avoir tiré les conséquences générales que ce nouveau principe devait nécessairement comporter.

Le législateur, probablement pour éviter des désaccords toujours à redouter en aussi grave matière, et peut-être afin d'aboutir plus sûrement, s'est borné strictement à ce qui lui a paru l'essentiel, équilibrant surtout quelques chiffres pour donner une rationnelle apparence au budget algérien, et laissant, provisoirement au moins, sans solution ou sans solution suffisante, ce qui revient à peu près au même, certains points primordiaux de la constitution coloniale.

C'est ce qui est arrivé notamment en matière de chemins de fer.

On s'est peu expliqué sur le régime administratif que devraient avoir les lignes existantes, et pour se placer plus particulièrement au point de vue commercial qui nous est ici familier, on a négligé de nous dire, d'une façon claire, à laquelle des deux : colonie ou métropole, on entendait attribuer la maîtrise des tarifs.

On objectera peut-être que la question du régime des chemins de fer a été réservée comme devant être l'objet d'une réglementation à part, qu'elle sera évidemment résolue par la loi qui statuera bientôt, pense-t-on, sur l'unification des compagnies de chemins de fer actuellement existantes ou sur le rachat de leurs lignes.

Rien n'est moins sûr. Si l'on en juge par ce qui s'est passé à propos du projet récent de rachat de l'une de nos compagnies, de la Franco-Algérienne, une telle préoccupation ne serait pas encore entrée dans l'esprit de nos gouvernants.

La loi du 13 décembre 1900, qui est cependant contemporaine de celle du 19 décembre, autorise le ministre des travaux publics à racheter les lignes de la Franco-Algérienne, à pourvoir à leur exploitation par tel moyen qu'il jugera le plus avantageux au Trésor, à solder enfin leurs dépenses à l'aide de ressources prélevées sur la dette flottante et tout cela comme si rien n'était changé à l'ancien ordre des choses. Nul ne s'est demandé si le régime qu'elle institue cadre bien avec le nouveau principe qui allait être posé de l'indépendance administrative de la colonie et quelle part on devait faire à cette dernière dans l'administration de ces chemins de fer.

Ce sans façon législatif, ces solutions négatives découlant de pures prétéritions sont de tous points inadmissibles. Nous nous proposons de le démontrer, estimant qu'il appartient au Syndicat commercial — qui, en dehors et à côté des institutions officielles représentant le commerce et l'industrie, est le défenseur d'avant-garde des intérêts économiques de ce pays, toujours prêt à prendre les initiatives fécondes et à signaler les périls — d'appeler l'attention des Chambres de Commerce, du public et même du Gouvernement sur un problème assurément assez important pour qu'il vaille la peine d'être envisagé en face et résolu d'une façon positive.

Etat de la question des chemins de fer d'intérêt général.

La loi du 19 décembre 1900 ne s'occupe guère que de la partie budgétaire de la question des chemins de fer.

L'article 1, § 1, porte : « L'Algérie.... peut... concéder des chemins de fer... et le § 2, le Gouverneur général représente l'Algérie dans les actes de la vie civile. Il ne peut... concéder des chemins de fer... qu'en vertu de délibérations conformes des délégations financières et du Conseil supérieur approuvées par une loi...»

L'article 4, § 3, dit à son tour : « La garantie d'intérêt des chemins de fer ouverts à l'exploitation antérieurement du 1ᵉʳ janvier 1901 reste à la charge de l'Etat sous réserve des dispositions des § 4 et 6 de l'article 13 ci-après. Ils figureront au budget général de l'Etat sous la rubrique « Subvention à l'Algérie pour les garanties d'intérêt aux compagies de chemins de fer algériens. »

Enfin les §§ 4 et 6 de l'article 13 sont ainsi conçus ,

« Les excédents de recette constatés en fin d'exercice sont affectés à la constitution d'un fonds de réserve... Lorsque le fonds de réserve dépassera la somme de 5 millions, les excédents de recette constatés en fin d'exercice seront attribués à l'Etat jusqu'à concurrence d'un tiers pour atténuer la charge annuelle de la garantie d'intérêt des lignes des chemins de fer.... »

« A partir du 1ᵉʳ janvier 1926, les avances aux Compagnies de chemins de fer, au titre de la garantie d'intérêt... seront à la charge de la Colonie, les remboursements qui seraient faits par les Compagnies, en exécution des conventions de concessions, seront attribués à couvrir de leurs avances l'Etat et l'Algérie, au prorata de leurs avances respectives... »

Pour en terminer avec cette nomenclature de textes, ajoutons l'article 15 du projet primitif du Gouvernement, qui contenait la disposition suivante :

« Les pouvoirs publics de la Métropole peuvent, après avis des Délégations financières et du Conseil supérieur, concéder directement les chemins de fer auxquels ils auront reconnu un caractère stratégique ».

Cette dernière disposition a été écartée pour cette raison, a-t-on dit, que l'Etat, en déléguant ses droits à la Colonie, n'a pas cependant entièrement abdiqué, et qu'il conserve celui de construire des chemins de fer, quitte bien entendu à les payer de ses deniers et que, les payant, il n'a pas à prendre l'avis des conseils locaux.

Notons en passant que cette observation est en partie juste en ce sens que les chemins de fer construits par l'Etat doivent évidemment être payés par l'Etat et non par la Colonie, car il n'y aurait pas de liberté financière si l'Etat pouvait imposer à la Colonie, en matière de travaux publics, des charges dont elle ne veut point. Mais cette observation est aussi en partie fausse. Même pour les lignes qu'il construit, l'Etat ferait bien de prendre l'avis, qui d'ailleurs ne saurait le lier, des conseils locaux. Les lignes construites par l'Etat et les lignes construites par la Colonie peuvent bien être séparées sur le papier, mais elles se confondent sur le terrain. Elles forment un réseau unique, le réseau algérien dont toutes les parties sont solidaires, il serait éminemment utile que les diverses autorités s'entendissent et se concertassent au sujet de leur classement, de leur construction et de leur exploitation.

Quoi qu'il en soit, du rapprochement des diverses dispositions législatives que nous venons de reproduire, il est possible de déduire à peu près le caractère de certaines classes de chemins de fer en Algérie.

Il y a d'abord les chemins de fer d'intérêt général, dorénavant construits par l'Etat ; ce sont les lignes stratégiques, principalement destinées à pénétrer dans l'*hinterland* algérien. Ces chemins de fer demeurent dans le domaine public militaire qui appartient à l'Etat ; ils sont à la charge unique de l'Etat, et sont administrés par lui à sa convenance, ce qui est naturel, puisque dans la nouvelle organisation algérienne les affaires militaires ressortent exclusivement à l'Etat.

Il y a ensuite les chemins de fer d'intérêt général construits par la Colonie à partir de 1901 ; ils rentrent dans le domaine public de la Colonie au même titre que les anciennes routes nationales et les rivières. La Colonie les prend à sa charge.

Le Gouverneur les concédera après délibération conforme des Conseils locaux et approbation des Chambres ou du Président de la République quand il s'agira d'embranchements de moins de 20 kilomètres de longueur.

Les chemins de fer une fois concédés et construits, c'est le Gouverneur, en argumentant par analogie avec ce qui se passe en France et à moins de vouloir sur ce point spécial ressusciter le vieux régime des rattachements, qui remplira ici, sous l'autorité politique des Ministres, le rôle de Ministre des Travaux publics ; il exercera le triple contrôle financier, technique et commercial. En conséquence, en cas d'exploitation par des Compagnies privées, c'est lui qui autorisera, suivant les cas, les émissions d'obligations. Il arrêtera, chaque année, les comptes de garantie d'intérêt s'il y en a, il ordonnancera cette garantie, il approuvera les projets de travaux, enfin, il homologuera les tarifs.

Il y a enfin les chemins de fer d'intérêt général d'un caractère mixte, commercial et stratégique, ce sont les lignes projetées de Tlemcen-Marnia, Berrouaghia - Laghouat et Biskra - Ouargla.

Si l'on s'en réfère aux explications données par M. le Ministre des Travaux publics dans la séance de la Chambre des Députés du 29 décembre 1900, ces lignes auraient un régime mixte comme leur caractère, elles appartiendraient à l'Etat et à la Colonie qui en feraient les frais en commun, au prorata des avantages qu'ils en pourraient tirer et les administreraient dès lors en commun.

Jusqu'ici tout, en définitive, est assez simple et l'on peut, avec quelque attention, suppléer au laconisme de la loi.

S'agit-il de chemins de fer stratégiques construits par la Métropole ? l'Algérie n'a rien à y voir, ce qui nous paraît d'ailleurs excessif, les Pouvoirs publics de France en assument le paiement et l'administration.

S'agit-il de chemins de fer construits à partir de 1901 sur les fonds de la Colonie ? la Colonie en a la charge. Le Gouverneur et les Conseils locaux, le Président de la République et les Chambres sont associés à l'œuvre des chemins de fer, comme à tous les autres actes administratifs, dans la mesure déterminée par la charte d'émancipation financière.

S'agit-il de chemins de fer à construire par l'Etat et la Colonie, comme le sont les lignes à caractère mixte? l'Etat et la Colonie participent dans une proportion à débattre, pour chaque ligne, à leur construction et à leur exploitation, et les administrent en commun.

Mais la difficulté commence quand on envisage les chemins de fer déjà construits, les lignes d'intérêt général qui desservent présentement la Colonie.

*
* *

Les incertitudes sur le point de savoir à qui appartiendront les lignes d'intérêt général non stratégiques, antérieures à 1901, dérivent surtout de la diversité des commentaires des rapporteurs de la loi au Sénat et à la Chambre.

Ces chemins de fer constituent aujourd'hui la partie exécutée et, par conséquent, utilisable du réseau algérien et ils en formeront toujours la partie principale. C'est à eux que viendront se souder les lignes complémentaires prévues ou à prévoir ; ils seront toujours le grand fleuve dans lequel des affluents de plus en plus nombreux viendront se fondre, car de l'Ouest à l'Est ils traînent et déposent dans les bassins de nos grands ports tout le trafic de la Colonie.

C'est donc, avant tout et par dessus tout, leur régime qu'il importait de fixer, or c'est précisément celui dont le caractère demeure le plus incertain.

A qui appartiendront ces chemins de fer ? Dans le domaine public de quelle personne civile vont-ils être rangés avec toutes les conséquences légales qui naissent de cette dévolution ? Vont-ils faire partie du domaine public de la Métropole, vont-ils faire partie du domaine public de la Colonie ?

Le Parlement, en dehors de l'Algérie, aura-t-il seul à passer les conventions de rachat, ou d'unification des lignes ; fixera-t-il seul les nouvelles conditions de l'exploitation ? Ces chemins de fer, pour le contrôle financier technique et commercial vont-ils relever exclusive-

ment du Ministre des Travaux Publics, ou bien ce triple contrôle sera-t-il exercé par le Gouverneur, sous l'autorité politique des Ministres?

La loi ne s'explique pas directement sur ces divers points et il est difficile, comme nous allons le voir, de suppléer bien sûrement à son insuffisance en raison des explications contradictoires qu'ont fourni les commentateurs officiels de la loi, nous voulons dire les rapporteurs de la Chambre des Députés et du Sénat.

Sans doute, par voie d'induction, si l'on s'en tenait au texte seul, on pourrait déterminer à peu près le caractère des chemins de fer construits avant 1901.

L'article 4 de la loi du 16 décembre 1900, en s'occupant de la garantie d'intérêt, porte qu'elle figurera au budget général de l'Etat sous la rubrique : « Subvention à l'Algérie pour les garanties d'intérêt aux Compagnies de chemins de fer algériens. »

Qu'est-ce à dire, sinon que l'Etat subventionne l'Algérie pour qu'elle puisse acquitter les frais de son service de chemins de fer, comme il subventionne par exemple la Martinique pour l'aider à payer ses services civils, ce qui ne peut pas signifier que, dans un cas comme dans l'autre, l'Etat dirigera ces services qui restent, au contraire, à la disposition de l'Algérie comme de la Martinique.

Il est vrai que l'allocation de la Métropole n'est pas simplement une subvention ; elle est aussi, en partie, une avance dont la France se récupérera sur le fonds de réserve en prélevant un tiers des recettes, lorsque ce fonds dépassera 5 millions. Mais qu'il s'agisse d'avances ou de subventions, qu'il s'agisse de sommes données ou fournies à une colonie, cela n'altère en rien l'autonomie de ses services. Le prêt ou la donation qu'un particulier fait à un tiers ne lui jamais conféré le droit de s'immiscer dans ses affaires.

L'interprétation que nous donnons de l'article 4 est rationelle, car il est impossible, logiquement, de comprendre pourquoi le fait pour une ligne d'avoir été construite avant 1901 par l'Etat, pour le compte après tout de la colonie, ou après 1901, par la colonie elle-même pour son propre compte, changerait la nature des droits de la colonie, d'autant plus que de toutes façons, un peu plus tôt ou un peu plus tard, tous les chemins de fer d'intérêt général, à la seule condition de n'être pas stratégiques, lui appartiendront, et qu'il est, par conséquent, plus simple de les lui donner tous aujourd'hui.

Donc, en tirant les conséquences que comporte le texte même de la loi du 19 décembre, on devrait dire que tous les chemins de fer d'intérêt général, à part les chemins de fer stratégiques rentrent d'ores et déjà dans le domaine public de l'Algérie, et c'est, au surplus, ce que semble reconnaître le rapporteur du projet de budget algérien, au Sénat, M. de Verninac, lui-même, quand il écrit, en parlant de la garantie d'intérêt, que l'Algérie ne doit pas la payer (ce qui n'est d'ailleurs qu'à moitié exact, puisque l'État a le droit d'opérer les prélèvements que nous savons sur le fonds de réserve) parce que, dit-il, les chemins de fer font partie de cet outillage économique, routes, ports, etc. « dont il a paru nécessaire à tous de *remettre gratuitement l'usage à l'Algérie.* »

Mais voici l'embarras :

A l'article 13, dont il commente les deux derniers paragraphes, M. de Verninac expose une thèse tout à fait contraire à celle qu'il vient de nous présenter : « Jusqu'en 1926, écrit-il, la garantie d'intérêt sera servie par l'État seul (nous observons encore ici que cette déclaration n'est pas absolument exacte, les sommes prélevées par lui sur le fonds de réserve constituant indubitablement la part de l'Algérie dans le paiement de la garantie d'intérêt) mais il est bien entendu, et c'est là la contre-partie nécessaire de cette obligation que l'État restera *seul maître* d'user *au mieux de son intérêt* de tous les droits, résultant pour lui des stipulations insérées dans les traités intervenus entre lui et les compagnies concessionnaires *et notamment de la faculté de rachat et du droit d'approbation des tarifs.* »

Ainsi jusqu'en 1926, l'Algérie n'aurait pas plus à participer à l'administration des chemins de fer construits avant 1901 qu'à celle des lignes stratégiques.

Il y a évidemment contradiction dans les deux thèses soutenues par M. de Verninac.

Si les lignes d'intérêt général existantes sont étrangères à la Colonie, comment peut-on dire qu'on lui en remet gratuitement l'usage au même titre que les ports ou les routes?

Les ports et les routes rentrent dans le domaine public de la Colonie et les chemins de fer dont nous parlons continuent à demeurer provisoirement dans le domaine public de l'État. C'est tout l'opposé.

Ce qui augmente encore la confusion dans la matière qui nous occupe, c'est que si l'on en croit une lettre de M. Berthelot, parue dans la *Dépêche* du 16 décembre dernier, après le vote de la loi sur le rachat de la Franco-Algérienne, cet autre commentateur autorisé de la loi sur le budget algérien professe une troisième opinion, intermédiaire entre celle qui semble résulter des textes eux-mêmes et le dernier commentaire de M. de Verninac.

« Je ne crois pas du tout, écrit-il, qu'un réseau d'État en Algérie dût être soustrait au contrôle colonial ; les assemblées algériennes seraient *très utilement associées* au contrôle, *même durant la période où la charge de garantie incombe à l'État.* »

En somme, M. Berthelot, comme on le voit, conclut à un système transactionnel pour les chemins de fer existant au 1ᵉʳ janvier 1901 : ces chemins appartiendraient à l'État et aussi à la Colonie, cette dernière demeurant associée à leur administration dans une mesure qu'il n'indique d'ailleurs pas.

Ce n'est pas tout. L'obscurité relative au caractère à attribuer aux lignes existantes est encore augmentée par les équivoques de la loi du 13 décembre 1900 qui autorise, nous le rappelons, le ministre des travaux publics à racheter la Franco-Algérienne et à établir un nouveau régime d'exploitation sans se préoccuper aucunement de l'intervention de l'Algérie, peut-être pour cette raison que les lignes de la Franco ont paru surtout avoir un caractère stratégique.

Cette obscurité n'est certes pas non plus diminuée par les déclarations récentes de M. le Ministre des Travaux publics, dans la séance de la Chambre des Députés du 29 décembre 1900, à laquelle nous faisions allusion au début de ce rapport, qui, répondant à M. Morinaud demandant que les projets des lignes Biskra-Ouargla et Laghouat-Berrouaghia soient soumis aux Délégations Financières, déclare que pour les chemins d'un caractère mixte qui rentrent dans le réseau à construire, dans le *nouveau réseau,* c'est à l'Algérie à prendre l'initiative des propositions, mais reste absolument muet sur l'intervention de l'Algérie en ce qui concerne l'*ancien réseau.*

Disons-le bien franchement, en présence de l'insuffisance de la loi du 19 décembre 1900 qui résulte plus encore des appréciations successives et contradictoires qui ont ajoutées ces commentateurs officiels que de la teneur même de son texte, en présence des équivoques de la loi du 13 décembre et du silence énigmatique de M. le Ministre des Travaux publics, on peut considérer que, malgré son importance, la question de savoir sous quelle autorité doivent être placés les chemins de fer construits avant 1901 n'est pas résolue.

La discussion est donc ouverte à ce sujet et nous prendrons la liberté d'y participer en critiquant d'abord les opinions qui ont été émises et en donnant ensuite la nôtre.

****

Critique de la thèse de M. de Verninac, rapporteur au Sénat.

Le système de M. de Verninac qui consiste à abandonner jusqu'en 1926 à l'État le soin exclusif d'administrer l'ancien réseau d'intérêt général soulève, on le conçoit, de très fortes objections.

D'abord, comme nous l'avons fait remarquer, il jure avec le texte de la loi qui porte que la métropole fournit à la colonie une subvention qui est en même temps une avance pour faire face aux frais des chemins algériens, ce qui revient à dire que ces chemins rentrent dans les services coloniaux. S'ils étaient restés ainsi qu'autrefois dans les services métropolitains, comme par exemple les services militaires, on ne les eût même pas mentionnés dans le budget de la Colonie.

Il ne s'accorde pas non plus avec les dispositions de cette loi relatives au fonds de réserve.

Quand l'Etat, après 5 millions, prélévera un tiers de ce fonds, ce tiers représentera en fin de compte, nous l'avons déjà dit, la part de l'Algérie dans la garantie d'intérêt.

La Colonie intervient donc aussi dans le paiement de cette garantie et elle est appelée à y intervenir dans une mesure sans cesse grandissante, puisqu'avec le temps le fonds de réserve ira plutôt en augmentant, alors qu'il est probable que la garantie d'intérêt ira au contraire en diminuant. Si, comme le prêtent le rapporteur du Sénat, celui qui paye un service doit en être le maître, l'Algérie, en vertu même des dispositions concernant l'emploi du fonds de réserve, ne saurait demeurer étrangère au service des chemins de fer existants.

De plus, en fait, ce système ne donne satisfaction à personne.

Il a le tort grave d'aller absolument à l'encontre du besoin de concentration et d'unification que l'on poursuit aujourd'hui. On se plaint beaucoup de ce qu'il y ait cinq compagnies en présence, ce qui amène la diversité de tarifs, en raison de la multiplicité des entrepreneurs et leur élévation quasiment fatale en raison de l'augmentation des frais généraux. Avec le système de M. de Verninac le rachat lui-même ne conduirait pas à l'unification et à la concentration et les inconvénients signalés se reproduiraient.

Il y aurait plusieurs réseaux et plusieurs directions : les chemins de fer stratégiques sous la main du Ministre de la Guerre, l'ancien réseau d'intérêt général sous l'autorité du Ministre des Travaux publics, le nouveau réseau sous la main du Gouverneur, et le réseau mixte sous l'autorité combinée du Gouverneur et du Commandant du XIXe Corps.

Un système qui arrive à compliquer encore une situation qui déjà par elle-même est suffisamment embrouillée, doit être évidemment rejeté.

Mais il y a d'autres motifs pour qu'il soit repoussé.

Il prépare pour l'avenir des difficultés très redoutables.

L'Etat va racheter les chemins de fer pour les exploiter lui-même ou les affermer, ou bien, si l'on veut, il passera des conventions nouvelles avec les Compagnies existantes pour arriver à l'unification. Il est certain que l'Algérie pourra critiquer plus tard toutes ces combinaisons quand l'Etat voudra lui remettre ses chemins de fer et faire peser sur elle les charges pécuniaires qui en pourront dériver, en opposant qu'elle y est demeurée étrangère. C'est pour un motif analogue qu'elle a critiqué les anciennes conventions. M. de Verninac lui-même a reconnu que, sur ce point, ses plaintes étaient fondées. Combien le seront-elles davantage quand la Colonie pourra faire remarquer qu'on a eu d'autant plus tort de l'écarter que, venant d'être érigée en personne civile et comme il s'agissait de son patrimoine, elle avait le droit et le pouvoir de parler.

Il est impossible de comprendre que la Métropole s'applique ainsi à préparer par avance un conflit avec sa colonie, conflit qui sera très irritant parce qu'en 1926, en admettant qu'on aille jusque-là, l'Algérie comptera vraisemblablement plus d'un million d'Européens, qu'elle aura un mouvement extérieur d'échanges dépassant le milliard, qu'elle aura enfin conscience de sa force et de ses droits et qu'il ne sera peut-être pas si facile qu'on se l'imagine de lui imposer des solutions qu'elle estimera injustes.

A un autre point de vue, avec le système de M. de Verninac on fait, pendant la période qui va s'écouler entre 1901 et 1926, une situation très dure à la Colonie, ce qui est contraire aux idées de liberté et de décentralisation dont la loi sur le budget algérien semblait, dans son esprit général, nous garantir le bénéfice.

Le but que l'on a voulu atteindre en dotant l'Algérie d'un patrimoine, c'est d'accroître sa production, de développer ses exportations, d'assurer, en un mot, sa prospérité par la création devenue possible ou plutôt par le parachèvement d'un outillage économique très perfectionné

Mais ce but serait inévitablement manqué si d'ores et déjà la Colonie n'a pas, au moins dans la mesure atténuée que comporte sa charte d'émancipation financière, la maîtrise de ses tarifs.

Déjà ses tarifs maritimes lui échappent, les Compagnies de navigation, dont le siège est à Paris, à proximité des Ministères, obtiennent aisément gain de cause contre elle parce qu'aucun droit effectif ne lui est reconnu à ce sujet. Elles abusent de leur monopole de droit et de fait pour obtenir des majorations sans cesse grandissantes du prix de transport des marchandises et de celui des voyageurs. D'un autre côté, on impose à l'Algérie des tarifs de douane qui ont pour unique objet de protéger et d'enrichir à ses dépens les industries métropolitaines. Elle est donc, comme on peut en juger, ligotée un peu partout ; il ne lui reste guère que les tarifs terrestres sur lesquels elle désirerait avoir une certaine liberté d'action : si on la lui refuse, il est à prévoir que son activité commerciale sera complètement annihilée à son grand préjudice.

Dans un pays dépourvu de canaux et de rivières navigables, les chemins de fer rencontreront encore moins de concurrence que les lignes maritimes, car, théoriquement au moins, la mer est ouverte à tous. Les tarifs terrestres auront peu de tendance à s'abaisser. Fixés par la Métropole, ils ne diminueront guère, soit parce qu'en vue des aléas qui troubleraient l'équilibre de son budget elle craigne, en les abaissant, d'augmenter sa garantie d'intérêt, soit parce qu'elle n'aura cure de l'Algérie qui, après tout, sature son marché national, et qu'elle sera plutôt disposée à prêter l'oreille à Paris aux représentants influents des Compagnies de chemins de fer qu'à écouter une rivale.

Si, pour nous résumer, l'Algérie n'a pas, au

moins dans une certaine mesure, la maîtrise de ses tarifs terrestres, si elle est exposée à ce qu'on les tienne élevés contre son gré, par suite de considérations financières ou autres, publiques ou privées d'où son intérêt est absent, à quoi lui servira-t-il, à elle qui occupe cependant une situation privilégiée aux portes mêmes des grands marchés de consommation d'Europe, de dépenser des centaines de millions à mieux aménager ses ports, à compléter son réseau de routes et de chemins de fer, à irriguer son sol ?

Sa production ne se développera guère pour cela et l'essor de son commerce extérieur sera toujours lent.

Ses marchandises lourdes, volumineuses et pauvres, matières premières ou produits plus ou moins primitifs de l'agriculture, ses phosphates, ses minerais, ses céréales, ses peaux brutes, ses alfas, son crin végétal, dont les frais de transport constituent une grande partie de la valeur, contrariées dans leur mouvement naturel d'échanges par les rigueurs d'un régime commercial mal compris, alourdies par des taxes terrestres et maritimes, qu'en général les jeunes contrées, ses concurrentes, ne connaissent pas, arriveront très difficilement à se placer sur les marchés du monde.

***

Critique de la thèse de M. Berthelot, rapporteur à la Chambre des Députés.

Mais venons-en au système de M. Berthelot. Il est assurément plus conforme à la lettre de la loi du 16 décembre 1900 auquel du moins il ne fait pas manifestement violence, mais on ne saurait dire cependant qu'il soit conforme à son esprit, instituant, en matière des anciens chemins de fer, des règles restrictives dont cette loi ne fait nullement mention.

Sans doute dans ce système, et c'est déjà quelque chose, l'Algérie n'est pas complètement étrangère à l'administration des chemins de fer construits avant 1901, seulement par dérogation aux droits ordinaires que lui confère le législateur pour la gestion des autres parties de son patrimoine, elle a en cette matière une situation par trop subordonnée ; elle a la faculté de donner un avis et ne possède pas le pouvoir de prendre une délibération. De même le Gouverneur exprime une opinion mais ne peut pas décider.

C'est sur le bureau des Chambres et non pas sur celui des Délégations financières et du Conseil supérieur, que seront déposés les projets de conventions nouvelles et généralement de toutes les modifications à apporter au régime de l'ancien réseau. C'est le Ministre qui en aura l'initiative et non pas le Gouverneur. Les conseils locaux seront simplement consultés, encore, n'y a-t-il pas là une obligation pour la métropole puisque la loi n'en parle pas, et ils seront consultés au même titre que les Chambres de commerce ou le Syndicat commercial ou toute autre association particulière.

D'ailleurs, le système de M. Berthelot, s'il était pratiqué par la Métropole avec le plus sincère désir, auquel nous ne croyons pas, à cause de l'hostilité bien connue de la bureaucratie parisienne, de faire participer effectivement l'Algérie à l'administration de ses chemins de fer, ne saurait donner de bons résultats, parce que, ainsi que nous l'avons déjà fait pressentir, la Colonie et la Métropole auront toujours, dans la matière, des tendances contraires.

Pour la Colonie, son désir doit être de voir se développer avant tout la prospérité générale dont elle doit tirer un profit appréciable et direct en encaissant une plus-value sur les impôts locaux et cette prospérité générale ne peut être atteinte que si la hauteur des tarifs n'entrave pas sa production. Elle inclinera donc plutôt vers des tarifs bas autant que l'état de ses finances le lui permettra.

Pour la Métropole, au contraire, son désir est avant tout de voir diminuer la garantie d'intérêt, car elle n'a rien à toucher sur la plus-value des impôts locaux. Or la diminution de la garantie d'intérêt est en partie liée à la question des tarifs qui risqueraient, pensera-t-elle, dans le présent du moins, de devenir peu productifs si on les abaissait, elle inclinera donc obstinément vers des tarifs élevés.

***

L'interprétation à donner à la loi du 19 décembre 1900.

Puisque les solutions consistant, soit à réserver à la Métropole, au moins provisoirement, la propriété et l'administration des chemins de fer construits avant 1901, soit en les lui attribuant à associer par une mesure gracieuse l'Algérie à cette gestion, doivent être écartées comme ne donnant pas satisfaction aux desiderata algériens et même comme les contrariant de façon grave, sans être d'autre part véritablement avantageuses à l'Etat, pourquoi ne se déciderait-on pas franchement pour la remise immédiate et complète, à la Colonie, de toutes les lignes de chemins de fer d'intérêt général non stratégiques, sans distinguer entre les présentes et les futures ?

Cette solution aurait au moins le mérite de ne pas répugner à la lettre de la loi du 19 décembre 1900, tout en restant conforme à l'esprit libéral qui l'a inspirée.

En somme, dans toute cette affaire de l'indépendance, ou si un tel mot est trop ambitieux, de la décentralisation administrative de l'Algérie que l'on vient d'organiser, que peut bien vouloir la Métropole ?

Concéder une charte à peu près complète qui satisfasse aux besoins du moment et qui d'autre part très simple, ennemie des exceptions, non sujette à difficultés, exempte d'équivoques, fixe en définitive avec équité les situations, au lieu de préparer les conflits.

La Colonie jouit de la personnalité civile, ou

lui a concédé un patrimoine, certaines règles ont été posées pour sa gestion, l'Algérie n'a pas la disposition de ses biens, elle y est associée en même temps que le Gouverneur, le Président de la République et les Chambres. C'est là son droit commun constitutionnel, pourquoi s'il est appliqué en toutes matières, serait-il écarté uniquement en matière de certains chemins de fer ?

Qu'on le lui applique donc ! même à ce point de vue et afin d'arriver à une unité de direction dont le besoin se fait surtout sentir dans un pays très en retard comme l'Algérie, qui doit, rattrapant le temps perdu, aller droit au but, non seulement il n'y a pas lieu de distinguer pour la propriété entre les chemins de fer construits avant et après 1901, mais même il y a inconvénient à établir une démarcation trop absolue entre les lignes appartenant ou devant appartenir un jour à la Colonie et les lignes dites stratégiques qui relèveront toujours de l'Etat.

Les unes et les autres constituent un réseau homogène, le réseau algérien, qui fonctionnera mal s'il est partagé entre autorités différentes. Son administration totale revient très naturellement au Gouverneur qui, s'il représente l'Algérie, représente aussi bien la France, ainsi qu'aux Délégations financières, au Conseil supérieur et au Parlement, chacune de ces assemblées ayant, ce qui va de soi, une part d'action tout à fait prépondérante quand il s'agira de chemins de fer construits avec ses propres deniers.

Tout ce que peut et doit demander l'Etat ; c'est qu'à propos de chemins de fer d'intérêt général d'Algérie, ses charges pécuniaires ne soient pas augmentées malgré lui, et que plus spécialement pour les lignes non stratégiques actuellement existantes, il ne soit jamais tenu au-delà de la garantie d'intérêt qu'il s'est engagé de payer jusqu'en 1926 et même que sa garantie ait une tendance constante et progressive à tomber au-dessous du chiffre de 1901.

Or, dans le système qui fait rentrer tous les chemins de fer d'intérêt général dans le domaine public de la Colonie, l'Etat ne saurait être entraîné au delà de ses engagements et de ses prévisions. C'est ce qu'il est facile de démontrer en nous appuyant sur quelques chiffres.

Au 31 décembre 1898, en nous en référant à un document officiel qui fut distribué aux membres des Délégations financières dans la session de 1899, la situation des cinq compagnies algériennes, y compris le réseau garanti par le gouvernement français en Tunisie : P.-L.-M, Est-Algérien, Bône-Guelma, Ouest-Algérien, Franco-Algérienne, était en bloc, la suivante :

DÉPENSES d'établissement du capital (matériel compris)	CHARGES d'intérêt et d'amortissement des capitaux engagés	PRODUIT NET de l'exploitation	DIFFÉRENCE entre le produit net et les charges des capitaux engagés (à payer par l'Etat)
529.532.158	26.771.414	5.251.430	21.519 984

La différence à payer par l'Etat s'élevait comme on le voit, en 1898 à 21,519,984 francs. C'est là le montant de la garantie d'intérêt.

Cette garantie qui vise deux objets : 1° le service des capitaux engagés ; 2° les insuffisances d'exploitation, ne s'appliquait plus, on peut le remarquer, qu'au service des capitaux engagés. Les recettes brutes loin d'être inférieures aux dépenses brutes et de laisser un déficit leur étaient au contraire supérieures, laissant un boni, un produit net de 5,251,430 francs, lequel venant en déduction des 26,771,414 francs nécessaires au service des capitaux mettaient à la charge de l'Etat la charge définitive de 21,519,984 francs.

L'Etat, même pour le cas où de nouvelles conventions n'interviendraient pas, a donc maintenant la certitude que sa garantie d'intérêt ne s'élèvera pas et même qu'elle diminuera puisqu'avec le développement de la colonisation qui résultera nécessairement de l'exécution des grands travaux publics en vue desquels a été créé le budget algérien, il est clair que les bonis d'exploitation vont augmenter et que l'accroissement du produit net réduira de plus en plus la part de l'Etat dans le service des capitaux engagés.

On abaissera bien, il est vrai, les tarifs, mais cet abaissement qui sera forcément modéré, vu l'état encore incertain des finances algériennes, n'amènera pas une perte : il passera inaperçu, sans doute, sans troubler la progression des bonis, compensé et dépassé qu'il sera par l'augmentation immédiate du nouveau trafic résultant d'un afflux, inusité en ce pays, de population et de matériel.

La Métropole n'aurait donc qu'à abandonner forfaitairement à l'Algérie la garantie d'intérêt telle qu'elle résulte des chiffres de 1901, afin qu'elle en fasse son affaire, les bonis à réaliser sur cette garantie tombant dans la caisse de réserve dont elle prélèverait forfaitairement à son tour et sans se préoccuper si les excédents résultent de l'exploitation des chemins de fer ou des plus-values d'impôts, un tiers jusqu'en 1926, dès que la dite réserve aurait atteint cinq millions.

Grâce à ce moyen, la garantie de la Métropole diminuerait progressivement à tout événement, même dans l'hypothèse la plus défavorable pour elle, dans celle où il plairait à la colonie de demander moins à ses bonis d'exploitation de chemins de fer, afin d'obtenir davantage de ses plus-values d'impôts.

Mais il est peu vraisemblable qu'on reste ainsi dans le *statu quo* jusqu'en 1926. Il est déjà depuis quelques temps question de rachat ou de fusion des lignes. Toutes les compagnies sont rachetables dès aujourd'hui et l'Est-Algérien le sera en 1904.

La loi du 19 décembre 1900 ne prévoit ni la fusion ni le rachat. Les conditions de l'une ou de l'autre en ce qui concerne l'Algérie devaient donc, suivant ce qu'il aurait été décidé, être résolues dans les nouvelles conventions.

Dans tous les cas ce que l'on peut deviner c'est que si les lignes étaient rachetées pour être exploitées par un entrepreneur unique, colonie ou compagnie fermière ou même seulement si on les fusionnait, le produit net des exploitations, les dispositions de l'Algérie en matière de tarif demeurant les mêmes, irait en augmentant plus vite que sous le régime actuel et l'Etat s'en trouverait mieux.

Comme les recettes brutes conserveraient leur ancienne allure ascendante et que les dépenses brutes seraient diminuées du chef de cette concentration de l'entreprise, les charges de l'Etat dérivant de l'annuité à payer aux actionnaires et obligataires des compagnies dépossédées en remplacement de l'ancienne garantie d'intérêt diminueraient plus vite que n'eussent diminué les charges de la garantie elle-même.

La Métropole n'a donc rien à redouter de cette remise totale à la colonie des chemins de fer d'intérêt général, à part les lignes stratégiques qui, cependant, resteraient dans les mains du gouverneur et à propos desquelles les Délégations financières et le Conseil supérieur auraient un droit d'avis et l'indépendance administrative qu'elle nous a octroyée, désormais munie de son complément pratique, ne risquerait pas de devenir un leurre.

L'Algérie pourrait s'orienter elle-même dans la voix de la prospérité suivant ses inclinations particulières ayant, dans la mesure limitée que lui reconnaît sa charte d'émancipation, la maîtrise de ses tarifs terrestres, en attendant que par la création d'une navigation locale elle puisse se soustraire pour le fret à la dépendance onéreuse des compagnies maritimes de la métropole, et que cette Métropole elle-même, poursuivant son œuvre de décentralisation, lui confère un droit quelconque de disposition sur ses tarifs douaniers.

On voit, en résumé, que sans faire violence aux dispositions de la loi du 19 décembre 1900 et en se contentant de les appliquer sainement sans trop se préoccuper de commentaires officiels qui n'ont d'ailleurs qu'une bien mince autorité, n'ayant été précédés ou suivis d'aucune discussion publique, puisque la loi sur le budget algérien a été votée sans débats, en étendant sans effort au régime de l'ancien réseau les règles édictées pour la concession et l'exploitation du nouveau réseau, on pourrait, dans cette importante question des chemins de fer, donner satisfaction à l'Algérie sans qu'il en coûtât rien de plus à la France que ce à quoi elle s'est volontairement engagée.

*
* *

La solution qui aurait dû prévaloir.

Mais il y aurait un autre moyen plus radical peut-être, à coup sûr meilleur, à employer et de nature à nous donner une satisfaction plus complète, lequel n'exigerait après tout qu'une modification secondaire que l'on pourrait apporter à la loi de 1900 par un simple article de la loi des finances.

Quand on va au fond des choses, on est conduit à reconnaître que l'Algérie n'a pas à recevoir de subventions ni d'avance pour payer la garantie d'intérêt de ses chemins de fer, et que par conséquent elle n'a pas à restituer à la métropole une partie de cette garantie, à l'aide d'un prélèvement que l'Etat opère sur le fonds de réserve, par la raison que cette garantie d'intérêt ne la regarde pas.

Que représente en effet cette dernière à l'heure où nous écrivons ? Uniquement, nous le savons, le service des capitaux engagés, puisque les insuffisances d'exploitation ont disparu.

Or, si les insuffisances d'exploitation doivent — et cette observation n'a plus qu'une valeur théorique — incomber à l'Algérie comme une charge de la jouissance, le service des capitaux engagés pour créer l'outillage économique existant incombant à la métropole.

Quand la Métropole en effet organise l'autonomie administrative et financière de l'Algérie, quand elle lui constitue des biens qu'elle puise dans le fond général appartenant à la nation et qui comprennent les choses qui, dans un pays civilisé, servent à l'usage commun des habitants telles que les ports, les routes, les chemins de fer ; elle ne lui vend pas ces biens, elle les lui donne, absolument comme lorsque l'Etat crée une commune et lui livre un domaine qu'il prélève sur ses propriétés, il lui donne ce domaine et il ne le lui vend pas.

Le fait que ces valeurs patrimoniales, que cet outillage économique ont été antérieurement créés directement par l'Etat, à l'aide des ressources du Trésor ou indirectement par lui au moyen des Compagnies privées qui empruntent en lieu et place de l'Etat, est indifférent tout aussi bien que cet autre fait que l'outillage, au moment de sa remise, est intégralement payé ou ne l'est que partiellement.

L'essence de ces remises par l'Etat d'une portion de son domaine soit public, soit privé, à des personnes morales, c'est la gratuité ; on l'a dit, la Métropole ne peut-être créancière de l'Algérie ; elle l'établit comme un père dote son enfant.

La garantie d'intérêt ne devrait donc sous aucune forme figurer au budget algérien pas plus que les frais d'expropriation ou autres des terrains domaniaux donnés par l'Etat à une commune, même s'ils ne sont pas encore payés, ne doivent figurer au budget communal.

Est-ce qu'on a jamais songé à inscrire au budget algérien comme contre partie des travaux exécutés et dont elle profite, les annuités à verser à la compagnie algérienne par l'Etat français ? Est-ce que dans la matière spéciale qui nous occupe on y a inscrit l'annuité payable cependant jusqu'en 1950 de 3.661,032 fr. représentant la subvention de 80 millions alloués par l'Etat, en sus du capital garanti à la Compagnie P.-L.-M ?

D'ailleurs, de quoi l'Etat peut-il se plaindre ? Les garanties d'intérêt qu'il paye sont légalement des avances, c'est ce que la loi du 19 décembre déclare elle-même. Elles forment de ce chef, à la charge des Compagnies, une dette qui, en capital et intérêts simples à 4 %, montait, fin décembre 1898, à 484.414.809 fr. 10, et qui est gagée par le matériel roulant des Compagnies.

Si cette créance est à peu près irrécouvrable, sauf pour le P.-L.-M., qui doit près de 56 millions, à cause de l'énorme disproportion existante entre la valeur du matériel et le montant de la dette, l'Algérie n'y est pour rien, n'ayant nullement participé aux conventions qui ont amené cet état de choses, et l'Etat n'a qu'à s'en prendre à lui-même de son imprudence.

Maintien complet et définitif de la garantie d'intérêt au budget général de l'Etat, avec possibilité pour lui de rentrer plus ou moins dans ses avances par la reprise du matériel des Compagnies, remise absolument gratuite de ce service de transport à la Colonie, n'est-ce pas la thèse la plus vraie à soutenir en matière des chemins de fer algériens, et ce, par application des principes généraux ?

Ne dites pas que cette thèse est trop hardie, qu'elle s'inspire trop du souci exclusif des intérêts coloniaux, elle a été développée par des Métropolitains éminents devant la Commission du budget de la Chambre des Députés, par M. Waldeck-Rousseau, président du Conseil, et par un autre homme politique dont la compétence ne saurait être contestée, par M. Caillaux lui-même, Ministre des Finances, et on ne leur a véritablement pas répondu. M. Berthelot s'est contenté de répliquer, d'après ce qu'il nous apprend dans son rapport, que la garantie d'intérêt étant une dépense faite au profit de la Colonie, ne pourrait être supportée indéfiniment par le budget de l'Etat.

C'était un peu répondre à la question par la question elle-même, donc, en réalité, c'était ne pas répondre, car le point à éclaircir était précisément de savoir si l'outillage économique créé pour la Colonie et pour elle seule devait lui être remis à titre gratuit ou à titre onéreux. On avait démontré qu'elle devait l'être à titre gratuit, il fallait prouver au contraire qu'elle devait l'être à titre onéreux, et c'est ce que l'on n'a pas fait.

Est-il besoin d'ajouter, en terminant, que dans l'hypothèse d'une remise gratuite des lignes de chemins de fer, si le rachat survenait ou si des conventions nouvelles étaient passées avec les cinq compagnies algériennes, aucune difficulté sérieuse ne paraîtrait devoir s'élever.

En cas de rachat cette opération devrait être effectuée par l'Etat, puisque c'est lui et non la Colonie qui a traité antérieurement avec les Compagnies, mais les conventions de rachat puisqu'en définitive on rachèterait pour l'Algérie, devraient être déposées par le Gouverneur sur le bureau des Délégations financières et du Conseil supérieur, avant d'être soumises aux Chambres ; ce serait ensuite à l'Algérie, une fois le rachat opéré, en suivant les distinctions établies par sa charte financière, à décider du nouveau régime : Exploitation directe par la Colonie ou bien affermage.

Si les chemins de fer n'étaient pas rachetés et si on se bornait à unifier les lignes existantes, les projets de conventions nouvelles devraient être, comme dans l'hypothèse du rachat, déposés par l'initiative du Gouverneur sur le bureau des Délégations financières et du Conseil supérieur pour être approuvées par eux et dans la mesure et suivant les distinctions établies pas la loi.

**

Conclusion.

Messieurs, nous en avons fini avec les critiques un peu détaillées que nous ont paru comporter les idées jusqu'à présent émises à Paris sur la propriété et l'administration de nos chemins de fer d'intérêt général, nous avons fait suivre ces critiques de l'exposé de nos propres idées, essayant d'embrasser ainsi notre sujet sous une face plus complète.

Toutes ces observations eussent sans doute gagné à être plus courtes, mais elles se sont étendues malgré nous, proportionnellement à l'importance de la matière et vous nous en excuserez.

Si vous les approuvez, nous vous soumettrions bien volontiers le projet de vœu suivant :

« Le Syndicat Commercial,

« Considérant que la loi du 19 décembre 1900, qui a posé le principe de la décentralisation administrative et financière de l'Algérie n'a pas tiré les conséquences générales que ce principe paraissait devoir comporter ; qu'elle ne s'explique pas d'une façon suffisamment nette sur la propriété et l'administration des chemins de fer non stratégiques existants, bien qu'ils forment actuellement la presque totalité du réseau algérien et qu'ils soient toujours destinés à en constituer la majeure partie ; que son texte a donné lieu à des interprétations contradictoires des rapporteurs de cette loi à la Chambre et au Sénat ; que de ces interprétations il semble cependant résulter que jusqu'en 1926, époque à laquelle tous les chemins de fer non stratégiques d'intérêt général feront retour à la colonie, l'Algérie n'aura aucun droit effectif sur l'ancien réseau ; que, conséquemment, les Chambres de la Métropole et non les Délégations financières et le Conseil supérieur discuteront les conditions du rachat des lignes existantes ou de toutes autres conventions à intervenir à leur sujet ; que le contrôle financier, technique et commercial, et que, notamment, le droit d'homologuer les tarifs sera exercé de Paris par le Ministre des Travaux publics et non pas d'Alger par le Gouverneur général de l'Algérie, à part un droit illusoire d'avis qui lui est présentement reconnu ;

« Considérant qu'une telle solution répugne au texte même de la loi du 19 décembre 1900, qui en laissant en principe la garantie d'intérêt des chemins de fer algériens à la charge de l'Etat, ajoute que l'Etat verse cette garantie à l'Algérie à titre de subvention, ce qui revient à faire rentrer dès maintenant les chemins de fer dans les services algériens et qu'elle lui répugne d'autant plus que l'Algérie est aussi appelée à payer une part dans la garantie d'intérêt ;

« Considérant qu'elle est également contraire à son esprit qui est un esprit de liberté autorisant l'Algérie à gérer son patrimoine sous certaines conditions générales et sans édicter de règles restrictives pour la propriété et l'administration des chemins de fer déjà construits ;

« Considérant qu'en dépouillant la colonie, déjà livrée, en matière de fret maritime, à la discrétion des compagnies de navigation, de tout droit sérieux d'immixtion dans ses tarifs terrestres, on l'expose à dépenser presque en pure perte le produit de ses emprunts en raison de la répugnance qu'éprouvera la Métropole à procéder à des abaissements de tarifs indispensables cependant à l'accroissement de la production et à l'activité des échanges, par la crainte que ces abaissements ne se répercutent fâcheusement sur ses charges pécuniaires ;

« Considérant qu'en organisant l'autonomie financière administrative de l'Algérie, la métropole a établi sa colonie, qu'à ce titre elle doit lui faire remise gratuite, sans distinction entre les parties qui le composent, de tout l'outillage économique existant,

« Émet le vœu :

« Que dans la prochaine loi de finances il soit expressément stipulé que les chemins de fer d'intérêt général non stratégiques rentrent tous dans le domaine public de la Colonie, à laquelle l'Etat fait d'ores et déjà la remise gratuite des lignes existantes ; qu'en conséquence la garantie d'intérêt demeurera inscrite au budget de l'Etat,

sans qu'il soit fait mention qu'il s'agit là d'une subvention ou d'une avance faites à la colonie ; qu'en cas de rachat opéré par l'Etat ou d'autres conventions à intervenir, le texte de ces conventions soit déposé par le Gouverneur, intermédiaire des Ministres, sur le bureau des Délégations financières et du Conseil supérieur, pour en être délibéré conformément aux distinctions établies par la loi du 19 décembre 1900 et enfin que, si le rachat est opéré, l'Algérie soit appelée à se prononcer dans la même forme sur le mode d'exploitation des chemins de fer algériens.

« En outre, le Syndicat Commercial émet subsidiairement le vœu :

« Que si l'Etat se refuse à faire à la colonie la remise gratuite des lignes de chemins de fer non stratégiques actuellement existantes, les dispositions de la loi du 19 décembre 1900 soient au moins entendues en ce sens que la garantie d'intérêt est une somme forfaitaire arrêtée aux chiffres de 1901, c'est-à-dire à 20 millions, que la Métropole met à la disposition de l'Algérie pour le service de ses chemins de fer.

« Que cette subvention ne pourra en conséquence jamais être augmentée, mais qu'elle devra être diminuée ;

« Qu'à cet effet les bonis d'exploitation réduisant le montant actuel de la garantie devront être versés dans la caisse de réserve de la colonie, l'Etat ayant forfaitairement aussi le droit de prélever un tiers des fonds de cette caisse quel que soient leur origine, dès que son montant atteindra cinq millions ;

« Que en cas de rachat ou de toute autre convention nouvelle à intervenir, les projets en soient déposés sur les bureaux des conseils locaux pour en être délibérés suivant les distinctions établies par la loi, et enfin que dans l'hypothèse d'une remise gratuite des chemins de fer algériens à la colonie aussi bien que dans celle d'une remise à titre onéreux, le Gouverneur ait la haute main sur tout le réseau algérien et que les conseils locaux eux-mêmes soient appelés à donner au moins un avis sur le classement, la construction et l'exploitation des chemins de fer même stratégiques. »

DÉLIBÉRATION

La Chambre, à l'unanimité, adopte, convertit en délibération le Rapport dont elle vient d'entendre la lecture et en prescrit l'envoi à M. le Gouverneur Général, à toutes les Chambres de Commerce d'Algérie et aux Députés et Sénateurs algériens.

Le Président,
TACHET.

Le Secrétaire général,
AUBERT.

II

Nécessité du rachat. — Objection contre le rachat opéré par l'Etat pour le compte de l'Algérie et réponse à cette objection. — L'exploitation par la Colonie. — Comment les choses se passeraient après le rachat. — Projet de vœu.

Nécessité du rachat.

Messieurs,

Vous vous souvenez, sans doute, du point auquel nous étions arrivés dans notre précédent rapport sur les chemins de fer d'intérêt général dans la nouvelle organisation financière et administrative de l'Algérie.

Nous croyons avoir démontré que l'Algérie devait avoir, préférablement à titre gratuit et dans tous les cas à titre onéreux, pour les chemins de fer, l'usage de tout l'outillage économique appartenant précédemment à l'Etat, et que, en collaboration avec les diverses autorités qui participent à la conduite de ses affaires, elle devait posséder la maîtrise de ses tarifs terrestres.

Supposons que nos désirs soient exaucés, que nos revendications soient entendues, ce qui n'est pas impossible, si nous savons mettre quelque suite et quelque énergie à formuler des réclamations qui découlent comme une conséquence nécessaire de la charte d'émancipation qui vient de nous être octroyée.

Que devra faire la Colonie des lignes de chemins de fer actuellement existantes ?

Va-t-elle s'endormir dans les anciens errements et attendre pendant de longues années, jusqu'en 1978 par exemple pour l'Est-Algérien, l'expiration des concessions, époque à laquelle la jouissance des lignes viendra se réunir d'elle-même à la nue-propriété dont elle est déjà investie ? Pendant toute cette longue période, va-t-elle simplement payer une part sans cesse grandissante de la garantie d'intérêt jusqu'en 1926 et sa totalité après 1926 ?

Va-t-elle au contraire, plus soucieuse de l'avenir du pays, demander des modifications aux conventions existantes afin que l'outil de transport soit mieux mis à même de remplir son rôle supérieur de stimulant et même d'initiateur de la production ?

Va-t-elle enfin, se déclarant virilement pour un procédé plus radical, demander le rachat, c'est-à-dire l'exercice de la faculté que l'Etat auquel la colonie est substituée, s'est réservé dans les contrats de concession de reprendre à une certaine époque la jouissance des lignes ?

De ces diverses combinaisons, il n'en est qu'une qui ait depuis quelque temps déjà sérieusement retenu l'attention du public, c'est le rachat. L'opinion entière est au rachat, les manifestations cent fois répétées de nos conseils municipaux le prouvent surabondamment.

Hâtons-nous d'ajouter que sur ce point, l'opinion a incontestablement raison et que c'est bien pour le rachat que la Colonie doit se décider.

En matière de chemins de fer il y a en effet ici trois intérêts en présence : l'intérêt des particuliers qui demandent un service de transport rapide et à bon marché pour les voyageurs et pour les marchandises. Il y a l'intérêt de la colonie qui veut arriver à l'exploitation intensive des richesses de son sol par un abaissement constant des prix du transport, s'acheminant vers le prix de revient sans l'atteindre cependant encore, parce qu'il faut éviter de faire un trou dans les finances algériennes. Il y a enfin l'intérêt des Compagnies, lesquelles se préoccupent médiocrement du public et de la colonie et recherchent seulement pour leurs capitaux la rémunération la plus sûre et s'il est possible la plus large.

Or, le régime actuel ne donne pas satisfaction aux intérêts du public et de la Colonie, il ne sert que ceux des Compagnies ; encore est-il douteux que dans l'avenir il en soit constamment ainsi pour ces dernières.

Les Compagnies sont trop nombreuses, les réseaux trop indépendants les uns des autres ; de là des élévations de tarifs, car une taxe a toujours d'autant plus de tendance à s'élever que la distance à parcourir est plus courte ; pour cette raison jointe d'ailleurs à quelques autres, le prix de transport en ce pays est deux et trois fois plus élevé qu'il ne l'est en France.

En 1899, par exemple, tandis que le prix moyen de la tonne kilométrique était de 0,05 en chiffres ronds sur le réseau métropolitain du P.-L.-M., il s'élevait sur son réseau algérien à plus de 0,10, sur l'Est-Algérien à plus de 0,11 et sur l'Ouest-Algérien (Blida-Berrouaghia) à plus de 0,16 ; de là aussi des inégalités dans la fixation des prix, inégalités incompréhensibles dans un pays dont les conditions économiques sont identiques. Pour une distance donnée, soit 200 kilomètres, le P.-L.-M. demandera aux céréales 15 francs la tonne ; pour la même distance et pour la même marchandise, l'Est-Algérien demandera 20 fr. ; de là aussi des longueurs de délai, chaque compagnie en stipulant qui lui sont particuliers, de telle sorte qu'une tonne de blé partant de Saint-Lucien (Ouest-Algérien) et se rendant à Oran (P.-L.-M.) peut mettre légalement 19 jours à franchir les 32 kilomètres qui séparent ces deux villes !

Les conventions font la part trop belle aux compagnies. Elles admettent en général des forfaits en matière de dépenses de premier établissement et d'exploitation, forfaits garantis par l'Etat. Le but des Compagnies ne peut donc être de faire œuvre d'initiative, ce qui pourrait les entraîner à des dépenses qui risqueraient de dépasser le forfait et qu'un supplément de trafic et par conséquent de recettes ne couvrirait peut-être pas. Il est tout simplement de vivre au jour le jour en économisant plutôt sur les frais de premier établissement et d'exploitation afin de rémunérer sans risque les capitaux engagés dans l'entreprise.

Ce système, il faut l'avouer, a jusqu'ici parfaitement réussi aux Compagnies.

Avec une mise de fonds qui, en 1898, était de 529.532.158, dont plus de 37 millions représentent nominalement un matériel roulant qui vaut probablement quatre fois moins, elles avaient réalisé un gain de 484.414.809 fr. en se bornant à puiser à l'intarissable source de la garantie d'intérêt et à y puiser en toute sécurité, sans avoir à se préoccuper d'une restitution ultérieure, car on entend bien que malgré que la garantie soit qualifiée d'avance, c'est bien en réalité une subvention, l'Etat et la Colonie après lui, n'ayant aucun moyen effectif de rentrer un jour dans les sommes qu'ils ont soi-disant avancées.

On conçoit donc que personne, public ou colonie, ne désire le maintien des choses actuelles.

Quant aux Compagnies, elles ne sont pas assez sûres d'elles-mêmes pour aller à l'encontre du sentiment général, parce que si les conventions leur sont en principe favorables, on ne saurait cependant aller jusqu'à prétendre qu'elles laissent l'Etat complètement désarmé. L'Etat aurait cent moyens de leur rendre la vie assez dure et de forcer ainsi leur résistance, quand ce ne serait qu'en les obligeant, ainsi que le laissait entendre M. le député Berthelot, dans la réunion générale du Syndicat du 16 octobre 1900, à créer des trains supplémentaires, c'est-à-dire dans la plupart des cas à augmenter sans profit les dépenses d'exploitation auxquelles elles doivent

faire face avec les sommes ordinaires qui leur sont allouées en vertu de leurs barèmes.

D'ailleurs les conventions elles-mêmes, et nous le laissions tantôt pressentir, qui dans le passé ont été très favorables aux Compagnies peuvent leur devenir défavorables. Cette perspective leur donnera toujours à réfléchir et les portera facilement vers tout autre combinaison propre à consolider leurs avantages qui semblent avoir atteint le maximum.

Un forfait est une transaction qui entraîne des sacrifices réciproques. Tant qu'on n'est pas arrivé au terme du contrat, il est téméraire d'affirmer que les Compagnies qui en ont tiré des avantages dans le passé, n'en subiront pas de dommages dans l'avenir. Tout semble au contraire pronostiquer le contraire.

Grâce au régime forfaitaire, les compagnies ont gagné par exemple sur les comptes de premier établissement en dépensant moins qu'il ne leur était alloué mais elles ont construit un peu à la diable. Leur matériel devra être renouvelé, les gares devront être agrandies et il est possible que grâce à ces travaux complémentaires qui en général leur restent à charge, elles se trouvent en fin de compte avoir définitivement dépensé plus qu'elles n'auront reçu.

Sans doute l'Etat n'aurait pas absolument besoin de recourir au rachat ni même à la fusion pour améliorer l'état de choses existant. Il lui suffirait, ainsi qu'on le lui a parfois conseillé, de profiter de toutes les circonstances qui s'offrent à lui pour obtenir des compagnies des tarifs communs et sans rien changer à l'état de choses il ferait ainsi bénéficier le public des avantages de l'unification des lignes.

Les transports de marchandises seraient plus rapides et moins onéreux ; le public pourrait mieux profiter des bases décroissantes des tarifs avec les distances totales parcourues, puisque les choses se passant comme s'il n'y avait qu'une ligne, la distance deviendrait plus grande ; pour le même motif les délais supplémentaires stipulés dans les tarifs spéciaux des compagnies disparaîtraient avec ces tarifs eux-mêmes.

Mais un tel procédé d'unification artificielle serait lent à donner de bons résultats ; des négociations assez longues et peut-être laborieuses devraient être entamées et poursuivies avec cinq compagnies différentes ; dans tous les cas s'il donnait satisfaction au public, il n'en donnerait guère à la colonie, substituée à l'Etat ; ses charges financières ne seraient pas changées puisque les conventions qui les déterminent ne seraient pas modifiées.

La fusion elle-même de toutes les lignes en une seule n'améliorerait en rien ces conditions si elle n'était pas accompagnée du remaniement des conventions existantes, et si elle en était accompagnée, probablement elle ne l'améliorerait pas non plus, les compagnies ne renonçant aux avantages que leur procurent les concessions actuelles que si on leur en offrait d'égaux ou de supérieurs.

Comme l'unification du régime des tarifs et

la fusion des lignes ne donnent nullement satisfaction aux divers intérêts en présence, il n'y
a plus qu'à les écarter.

Reste le rachat.

Il aurait l'incontestable mérite de faire table
rase du passé et de permettre enfin d'établir
sur des bases rationnelles le régime général
des chemins de fer.

Mais ici déjà une objection se dresse.

* * *

Objection contre le rachat opéré par l'Etat pour le compte de l'Algérie et réponse à cette objection.

Certainement, dira-t-on, le bénéfice que la
colonie doit retirer du rachat est évident. La
voilà tout à fait à l'aise. Ce moyen est même
pour elle un moyen idéal. Au moment où on
l'émancipe, au moment où elle naît à la vie
administrative, l'Algérie, si le rachat intervient,
n'aura plus à s'embarrasser de conventions
auxquelles elle n'a pas participé et qui ne sont
point faites pour elle, elle établira à nouveau
et comme si aucune convention n'était précédemment intervenue le régime qui lui convient
le mieux.

Mais l'avantage que pourra retirer l'Etat de
l'opération du rachat pour le compte de la
colonie et non pour lui même, est bien moins
évident, le rachat n'arrivera qu'à augmenter
ses charges pécuniaires, sans amener une augmentation quelconque de ses profits.

Pourquoi dès lors y procéderait-t-il ?

Avec les conventions existantes, maintenues
ou modifiées, l'Etat pour reprendre nos chiffres
de l'année 1898, n'est tenu qu'à une garantie
d'intérêt de 21 millions en chiffres ronds, garantie dont il pourra se récupérer au moins en
partie, sur le fonds de réserve de la colonie.

Mais si le rachat est opéré, l'Etat, selon l'opinion la plus répandue, sera tenu au paiement
d'une somme de 25 millions et demi, en chiffres
ronds si l'on déduit la part afférente au réseau
tunisien garanti par l'Etat français.

Cette somme sera versée aux actionnaires et
aux obligataires des lignes expropriées, qui de-
viendront des rentiers, sous la forme d'une annuité payable pendant toute la durée de la concession primitive.

Le sacrifice à supporter par l'Etat sera donc
plus grand avec le rachat qu'avec le maintien
ou la modification des conventions existantes.

Notez qu'il sera aussi plus lourd, car si l'Etat
peut répéter contre la Colonie tout ou partie du
montant de la garantie d'intérêt, il lui est assez
difficile de lui faire supporter en tout ou en partie le montant de l'annuité de rachat.

La garantie d'intérêt est une dépense inscrite
au budget ordinaire des travaux publics et payée
par l'impôt ; l'annuité est une charge extraordi-
naire inscrite au Ministère des Finances et payée
sur la dette publique.

Elle aurait donc le même sort que cette autre
annuité de 3.661.032 représentant la subvention
donnée par la Métropole au P.-L.-M. algérien
en plus de la garantie d'intérêt, qui est restée
complètement à la charge de la Métropole, bien
que la garantie d'intérêt par la loi du 19 décembre 1900 ait été mise en partie dans le présent
et complètement en 1926 à la charge de la
Colonie.

Il serait fait ainsi l'application particulière
d'une théorie générale autrefois formulée par
M. Burdeau dans son Rapport sur le budget de
l'Algérie pour l'exercice 1892 : « Il n'y a pas
plus de raison, disait-il, de réclamer à l'Algérie
les annuités algériennes (c'est-à-dire les portions
de dette publique qu'elle a contribué à créer) que
de lui demander compte des déficits de ses budgets passés payés par la Métropole et qui pourraient être regardés comme ayant contribué à
grossir notre dette consolidée en 3 et 4 1/2 p. 0/0.»

Mais à cette objection dont nous n'avons pas
essayé d'atténuer la portée, on peut répondre
que si elle était fondée, jamais l'Etat n'aurait
intérêt à procéder au rachat des lignes algériennes, même pour son propre compte, car si
l'Etat rachetait pour son compte, aujourd'hui,
il ne resterait pas à tout jamais propriétaire des
lignes, il devrait dans tous les cas les rétrocéder
à la Colonie en 1926, sans pouvoir lui demander
en vertu même de la théorie de M. Burdeau, de
lui verser une contribution quelconque pour
l'indemniser du coût de son opération.

Or, une telle perspective n'a pu lui fermer les
yeux sur la nécessité qu'il y a de réorganiser le
service des chemins de fer et c'est ainsi qu'il a
racheté le réseau de la Compagnie Franco-
Algérienne et se dispose à racheter les autres
lignes.

Mais si la nécessité de racheter le réseau
s'impose comme une inéluctable nécessité à
tous ceux qui veulent que son exploitation cesse,
sans donner satisfaction à personne, de mena-
cer l'équilibre budgétaire du pays auquel elle
s'applique, pourquoi l'Etat se refuserait-il de
l'opérer au profit de l'Algérie? N'a-t-il pas un
intérêt certain à la prospérité de la Colonie
ainsi qu'à celle de ses finances, et si elle était
détruite, son devoir ne serait-il pas de la res-
taurer? Ne vaut-il pas mieux, dès lors, prévenir
le danger quand il en coûte moins en définitive
de le conjurer que d'en réparer ses suites ?

D'ailleurs, si l'Etat désire que par l'effet du
rachat, les charges qu'il a précédemment assu-
mées ne soient point augmentées, rien n'est
plus simple. La théorie de M. Burdeau ne peut
pas être prise pour un article de loi constitutionnel.

De même qu'il a décidé de se récupérer en partie de la garantie d'intérêt qu'il verse par un
prélèvement sur le fonds de réserve, il pourrait stipuler qu'il se récupérera par un prélèvement identique de partie de son annuité de
rachat. Si son annuité est plus forte que la garantie, le remboursement partiel serait du
moins plus immédiat et cela ferait une sorte de
compensation.

Du jour même du rachat, l'Algérie encaisserait le produit net de 5 millions que nous avons signalé dans notre précédent rapport en établissant la situation financière des Compagnies.

Elle encaisserait même une somme supérieure, car le produit net serait accru du montant des économies réalisées par le fait du rachat, qui substituerait un entrepreneur unique aux cinq entrepreneurs actuels.

Le fonds de réserve serait donc incontinent rempli par cet apport ainsi que par les plus-values annuelles dont les budgets sont coûtumiers, et le déversoir pourrait de suite commencer à fonctionner.

Dans tous les cas il demeurerait entendu que la récupération de cette annuité ne serait pas éternelle.

Il faudrait avoir l'esprit singulièrement étroit pour poser en thèse que pendant tout le XX° siècle, l'Algérie devra rester en compte avec la Métropole.

Mais ce qui serait à coup sûr de beaucoup préférable, ce serait au lieu de calculer par francs et centimes avec l'Algérie, d'inaugurer une conduite autrement large, par application de laquelle la Métropole garderait à sa charge exclusive l'annuité de rachat, comme le Président du Conseil, M. Waldeck-Rousseau, et le Ministre des Finances, M. Caillaux, lui conseillaient excellemment de le faire pour la garantie d'intérêt et de remettre à titre complètement gratuit à la Colonie tout l'outillage existant.

N'y a-t-il pas à craindre, en effet, comme l'écrivait encore avec beaucoup de prévoyance M. Burdeau dans son rapport déjà cité de 1892, que l'Algérie traitée en débitrice, c'est-à-dire en étrangère et non pas en enfant, paraisse moins faire partie intégrante de la Patrie.

« N'arriverait-on pas à considérer la clôture de son compte (nous citons ici les propres termes de l'éminent rapporteur), comme une libération des obligations contractées dans le passé avec la France ? »

Il est parfois d'une sage politique de n'être pas généreux à demi et dans cette matière même du rachat n'est-il pas tout indiqué de l'être complètement puisqu'en vertu de la théorie rappelée plus haut il est de principe que la Colonie, qui n'a pas à traiter d'Etat à Etat avec la métropole, ne doit jamais supporter personnellement les portions de dette publique qu'elle a contribué à créer.

Ainsi donc l'objection que l'on peut opposer au rachat opéré par l'Etat pour le compte de la Colonie n'est pas insurmontable ; elle peut encore être assez aisément levée, soit que l'on étende par analogie le système inauguré pour la garantie d'intérêt, soit que l'on s'inspire des données généralement admises en la matière sur la non répétition du montant de la dette publique et sur la nécessité, quand il s'agit des relations entre la France et l'Algérie, de les baser sur les principes d'une mutuelle bienveillance et non sur les préceptes de l'arithmétique pure ou appliquée.

Il faut donc approuver l'opinion de demander instamment le rachat et de ne vouloir que lui.

Mais on comprend bien que le rachat n'est pas en soi une solution, c'est seulement le moyen pratique d'arriver à en trouver une.

Quelle sera cette solution ?

Sera-ce l'exploitation directe par la Colonie ? sera-ce l'exploitation par une ou deux compagnies fermières, car après l'expérience du passé, il ne peut plus s'agir de cinq compagnies ?

***

L'exploitation par la Colonie.

A première vue, il semble qu'en présence de cette alternative : exploitation par l'Etat ou exploitation par une ou deux Compagnies fermières, il n'y ait pas d'hésitation possible.

De même que l'opinion s'est prononcée à l'unanimité pour le rachat, de même elle s'est prononcée à l'unanimité, on le sait, pour l'exploitation après rachat par une Compagnie fermière.

Toutefois nous ne pensons pas que ce soit là son dernier mot et que son sentiment soit à ce sujet définitif.

Les deux termes de l'alternative qui lui a été soumise ont été assez mal posés selon nous et il ne pouvait guère en être différemment, constatons-le en passant, jusqu'à l'année présente.

La naissance de l'Algérie à la vie civile est de date tout à fait récente. On ne songeait donc pas à la Colonie en s'occupant du rachat des chemins de fer, on croyait, ce qui est devenu une grosse erreur, que les chemins de fer ne pouvaient être rachetés que par la métropole et pour la métropole et l'on a écarté l'idée de l'exploitation par l'Etat.

Eût-on aussi facilement écarté l'idée de l'exploitation par la Colonie ?

Ce n'est nullement prouvé.

Bien des objections et non des moindres qui peuvent être élevées contre l'exploitation en général par l'Etat ou l'exploitation en particulier de l'Etat en Algérie, disparaissent ou n'ont pas de raison d'être quand il s'agit de l'exploitation par la Colonie.

Que reproche-t-on, en somme, à l'exploitation par l'Etat en général ?

Ce n'est pas du tout que l'Etat soit impropre à gérer un service public comme celui des chemins de fer.

Les esprits impartiaux et éclairés n'hésitent pas un instant à déclarer qu'il est tout aussi apte qu'une Compagnie particulière.

S'il avait exploité les chemins de fer en Algérie, on peut même dire que les résultats eussent été supérieurs à ceux qui ont été obtenus par nos cinq Compagnies. On a calculé que, alors que les compagnies algériennes dépensent un million de francs pour transporter 13 millions d'unités de trafic (voyageurs kilométriques et tonnes kilométriques), l'Etat en France sur son réseau, pour la même somme, en transporte 27 millions, soit deux fois plus, dans des conditions de rapidité, de confortable et de bas prix pour les voyageurs, de bon marché pour •les marchandises, qu'on attendrait vainement des Compagnies algériennes.

On ne peut donc pas arguer de l'inhabileté de l'Etat.

Voici d'ailleurs ce qu'écrit M. Colson, conseiller d'Etat, ingénieur en chef des Ponts et Chaussées, dont on ne saurait récuser ni l'impartialité ni la compétence, en résumant les arguments pour ou contre, dans un ouvrage aujourd'hui classique intitulé : « *Transports et Tarifs* » (2ᵉ édition, page 665).

« Expérimentalement, il serait assez difficile de dire quel est le régime (exploitation par l'Etat, exploitation par les Compagnies) qui a le mieux réussi. »

Les reproches que l'on adresse à l'exploitation de l'Etat, disons-le bien haut, ne sont pas d'ordre technique, ils sont d'ordre politique. Ecoutons plutôt encore ce que nous déclare M. Colson : « On est obligé de se retourner du « côté des considérations politiques pour trou- « ver une raison de décider....

« Le rachat des chemins de fer en France augmenterait de 20 milliards la valeur des titres d'Etat en circulation, de 1,300 millions les recettes annuelles du Trésor, de 300,000 le nombre des employés de l'Etat.

Multiplier dans une pareille mesure les contacts du pouvoir avec les citoyens sous un gouvernement autoritaire, c'est renforcer son action d'une manière qui peut être bien dangereuse pour les libertés publiques ; *sous un gouvernement parlementaire, c'est ouvrir une bien large porte aux sollicitations électorales avec tous leurs inconvénients moraux et financiers.* »

Tout cela est très possible ; mais ces gros inconvénients, on l'a déjà deviné, ne sauraient se rencontrer en cas d'exploitation par la Colonie elle-même, après rachat.

D'abord la dette publique de la France ne serait que faiblement augmentée d'un demi-milliard et non de 20 milliards ; les recettes de l'Algérie ne seraient enflées que du chiffre modeste de 5 millions ; le nombre des employés ne serait accru que de quelques centaines.

Ensuite, ce qui est autrement important à constater, on ne trouverait plus ici comme en France un Parlement omnipotent d'où tous les pouvoirs dérivent au moyen des délégations qu'il donne et où tous les pouvoirs aboutissent par le jeu des interpellations, supérieur au Président de la République et à l'administration elle-même, qui se servirait peut-être de l'afflux des nouveaux employés pour constituer à son profit les cadres d'une armée d'électeurs. On rencontrerait deux modestes assemblées, se faisant équilibre parce qu'elles ont des attributions distinctes et des origines différentes, partageant avec le Gouverneur, les Ministres, le chef de l'Etat et les Chambres la conduite des affaires locales.

Le favoritisme que l'on redoute tant avec son épais cortège de faméliques créatures qui émargent sans travailler, trouverait donc dans la nouvelle organisation algérienne un terrain singulièrement ingrat.

Trop d'autorités sont associées à la même œuvre, se surveillent et se jalousent, pour que le chef de l'administration, pour peu qu'il possède de volonté et de tact, ne trouve toujours moyen de conserver sa pleine liberté d'action en neutralisant les influences qu'il jugerait funestes à la bonne marche des services.

Arrivons maintenant aux reproches que l'on peut adresser non plus cette fois à l'exploitation de l'Etat en général mais à l'exploitation en particulier de l'Etat en Algérie.

On peut dire qu'avec le protectionnisme outrancier qui sévit en France, il est toujours à craindre qu'après s'être exercé sur les pays étrangers, il ne s'attaque aux Colonies et surtout aux Colonies à produits similaires.

Il faut reconnaître que la tentation serait bien forte, et c'est une crainte que nous avons exprimée plus haut, pour la Métropole, détenant la maîtrise des tarifs de s'en servir comme d'une barrière douanière pour empêcher l'exportation des produits qui inondent son marché. A l'ardeur que mettent les viticulteurs méridionaux à combattre toute réduction de tarif qui sur les lignes métropolitaines rend plus facile et moins coûteux aux vins algériens l'accès des marchés du Nord, on peut préjuger celle que leurs représentants déploieraient à empêcher les abaissements de tarifs en Algérie.

Il faut avouer qu'une telle préoccupation ne peut hanter l'esprit d'une Compagnie fermière des chemins de fer qui, si le contrat d'affermage n'est pas absurdement rédigé, ne demandera qu'une chose, c'est que sans qu'on puisse lui imposer des tarifs qui la laisseraient en perte, le trafic se développe indéfiniment puisqu'elle serait la première à profiter de ce surcroît d'échanges.

Mais il est clair que si la maîtrise des tarifs appartient à l'Algérie et non à la Métropole, que si la Colonie exploite et non pas l'Etat, le danger protectionniste disparaît et qu'il n'y a dès lors à ce sujet aucun motif de préférer l'exploitation par une Compagnie fermière à l'exploitation par la Colonie elle-même.

Mais il faut aller plus loin que prétendre que l'exploitation par la Colonie n'encourt aucun des reproches qui peuvent être dirigés contre l'exploitation par l'Etat. Il nous faut encore montrer qu'en Algérie la balance n'est plus égale entre la Colonie et les Compagnies et qu'il y a de bonnes raisons pour que l'exploitation ait lieu par les soins de la collectivité représentant les intérêt généraux et non par ceux d'une personne privée, d'une Compagnie fermière représentant des intérêts particuliers.

La première raison est la suivante :

L'industrie des chemins de fer a un double caractère qui la place incontestablement en dehors du droit commun.

· Quand il s'agit d'aller d'Alger à Marseille vingt lignes de bateaux à vapeur peuvent desservir ces deux points, mais quand il s'agit d'aller d'Alger à Oran, il ne peut jamais y avoir qu'une seule ligne de fer pour les relier.

Deux lignes seraient surabondantes et l'on arriverait à constituer deux entreprises en perte, alors qu'une seule peut être en bénéfice.

Celui qui exploite une ligne de chemins de fer vit donc en dehors du régime de la concurrence, il jouit d'un monopole qui concerne l'assiette même de la voie et que l'on a dû aussi étendre à la traction.

En outre, l'industrie des transports n'est pas une entreprise privée, c'est un service public : l'Etat ne pourrait remplir sa mission centralisatrice, si les chemins de fer n'étaient pas à sa disposition.

Il résulte de ce double caractère que dans le but que les citoyens ne soient pas discrétionnairement taxés et qu'il puisse accomplir utilement lui-même sa fonction sociale, ou bien l'Etat exploite pour son propre compte, ou bien s'il confie cette exploitation à un tiers, il le surveille et même s'immisce dans sa gestion.

Aussi en France, pays dans lequel l'Etat n'exploite pas pour son compte, des arrangements au point de vue financier, technique et commercial, interviennent entre lui et les compagnies auxquelles il concède les chemins de fer.

Après certains tâtonnements, on a pu trouver pour ces arrangements une formule à peu près convenable.

Mais il est loin d'en être ainsi en Algérie ; on a maintes fois constaté combien les conventions survenues étaient imparfaites, on les trouve même tellement imparfaites qu'on juge plus expédient de les détruire que de les modifier.

De nouveaux arrangements avec une compagnie fermière donneraient-ils plus de satisfaction ?

L'expérience du passé est loin d'être encourageante. On n'a pas encore indiqué de formule d'exploitation acceptable, et si on la trouvait, ce ne serait pas pour longtemps. Les éléments du trafic, qui sont les facteurs de cette formule, loin d'être connus et classés comme ils le sont à peu près en France, sont encore à découvrir dans une contrée à l'état quasi vierge, aussi les bases des anciennes conventions ont été critiquées sans qu'on ait pu montrer quelles bases nouvelles leur seraient préférables.

Des difficultés incessantes éclatent, d'autre part, et ont éclaté sur l'interprétation à donner aux clauses des contrats concernant, soit par exemple les travaux complémentaires dont on ne sait pas toujours qui doit les supporter de l'Etat ou des Compagnies, soit la reprise du matériel, dans lequel à propos du P.-L.-M. algérien, l'Etat, en cas de rachat, voudrait faire rentrer le matériel de l'ancien réseau de France, alors que la Compagnie s'y refuse.

Ce qu'il y a de pis, c'est que lorsqu'une clause est douteuse, et Dieu sait s'il est facile, dans une matière aussi complexe d'obscurcir les textes, elle se retourne contre l'Etat en vertu de ce principe que le doute doit s'interpréter contre celui qui a stipulé, et que c'est l'Etat qui a dicté les conventions.

Dans la convention nouvelle à établir, dans l'interprétation à lui donner, en cas de difficultés qu'il faut toujours prévoir, la Colonie sera-t-elle plus heureuse que ne l'a été l'Etat ?

Comment le prétendre ? La Colonie étant plus faible sera plus facilement battue, alors surtout qu'au lieu de se trouver en présence de cinq Compagnies de chemins de fer, la plupart de médiocre envergure, elle aura devant elle la puissante Compagnie P.-L.-M., qui ne manquera pas de souligner sa supériorité en imposant ses conditions d'abord et sa manière de voir ensuite.

La plus vulgaire prudence doit donc inciter la Colonie à se méfier des contrats, soit parce que le terrain sur lequel on veut opérer n'est pas suffisamment connu, soit parce qu'en cas de contestations ultérieures, qui sont inévitables, elle a beaucoup plus de chances de perdre que de gagner, et il lui paraîtra sans doute plus simple et plus sûr d'exploiter elle-même ses propres lignes.

Mais il y a une autre raison encore plus décisive pour qu'en Algérie l'exploitation des lignes ait lieu par la Colonie et non par l'intermédiaire d'une Compagnie fermière.

Cette raison est du domaine de la psychologie, si l'on peut dire, et se tire de la fin différente que doivent se proposer une collectivité publique ou une personne privée.

En matière d'exploitation, une Compagnie ne peut guère se décider que d'après les principes de l'économie domestique. Le gain doit former son unique objectif. Aussi bien tenue en respect qu'on la suppose, aussi bien animée de bonnes dispositions qu'on puisse l'imaginer, une compagnie fermière sera beaucoup plus disposée à suivre le développement de la richesse coloniale, puisqu'elle en bénéficie sans avoir rien à risquer, qu'à le provoquer, puisqu'en le précédant, elle court le risque de n'être pas suivie. On peut donc être certain que des lignes seront plutôt ouvertes dans les régions où un courant commercial existe, que dans celles où il pourrait exister, que les tarifs seront bas pour les lignes traversant les contrées riches et élevés pour celles traversant les régions pauvres.

Cette conduite tout égoïste qu'on la suppose est bien naturelle, car la perte qu'éprouverait la compagnie fermière en devançant les besoins des populations pour les faire naître, si elle profitait au public et à la colonie, demeurerait pour elle sans compensation.

Mais si un tel système se comprend de la part d'une compagnie fermière, puisqu'il assure la régularité des dividendes, il ne se justifie pas dans un pays neuf, parce qu'il entrave l'essor de la colonisation.

Pour développer cette colonisation et c'est là le but patriotique à poursuivre en Algérie, il faut se décider, d'après les principes de l'économie publique et par les principes de l'intérêt général ce qu'une collectivité est seule à même de faire parcequ'en apportant la vie sur des territoires pourvus de richesses naturelles mais insuffisamment peuplés, elle peut toujours compenser la perte à subir dès le début sur le trafic des lignes qu'elle exploite par la plus-value d'impôts qu'en répandant la civilisation sur des surfaces jadis presque désertes, elle n'aura pas manqué de faire naître.

***

Comment les choses se passeraient après le rachat.

Il ne nous reste plus maintenant qu'à voir comment les choses se passeraient après le rachat, dans l'hypothèse d'une exploitation des chemins de fer par la Colonie.

La situation, nous le rappelons, serait très simplifiée ; la garantie d'intérêt aurait disparu, allégeant d'autant, dans le présent et dans l'avenir, les budgets algériens, et dans le cas le plus favorable qu'il n'est pas interdit d'envisager, l'Algérie n'aurait aucune charge nouvelle à supporter du chef de l'annuité du rachat, l'Etat, conformément à la doctrine du Gouvernement lui-même et particulièrement de M. le Président du Conseil et de M. le Ministre des Finances, ayant remis à la Colonie l'usage gratuit, sans exceptions ni réserves, de tout l'outillage économique existant, chemins de fer d'intérêt général non stratégiques compris.

Non seulement l'Algérie n'aurait à supporter aucune dette du fait de ces chemins de fer, mais encore son budget encaisserait un boni immédiat de plus de 5 millions représentant la différence entre les dépenses et les recettes brutes de l'exploitation des lignes, ce qui lui laisserait assez de marge et de loisir pour procéder à un remaniement étudié de ses tarifs, tournés désormais vers l'essor de la colonisation.

Les chemins de fer algériens ayant le caractère incontesté d'un service colonial, pourraient former l'objet d'une cinquième direction qui prendrait rang dans la nouvelle organisation algérienne, à côté des quatre directions qui viennent d'être heureusement instituées par M. le Gouverneur général Jonnart : Intérieur, Travaux publics, Finances, Agriculture et Commerce.

Les dépenses et les recettes ordinaires de ce service figureraient, comme celui de tous les autres services, au budget de l'Algérie.

Quant aux dépenses extraordinaires de premier établissement pour les lignes à construire et de travaux complémentaires pour les lignes déjà construites, elles seraient imputées tant sur les excédents de recettes disponibles dans le fonds de réserve, que sur les fonds d'emprunt qui vont être prochainement réalisés.

Aucun abus grave ne serait à redouter dans une pareille organisation. Le favoritisme qui alourdit si fâcheusement la marche des services par l'accumulation des non-valeurs qu'il y introduit ne pourrait exercer ses ravages, nous l'avons précédemment démontré.

La précipitation, l'emballement des corps élus toujours prêts à voler au but sans se préoccuper des difficultés ambiantes ne seraient pas non plus à craindre.

Si les Délégations Financières harcelées par les vœux ardents des populations, voulaient aller trop vite dans la voie des abaissements de tarifs, le Gouverneur et le Conseil Supérieur montreraient la perspective toujours redoutable d'un déficit, parce qu'elle présage un accroissement d'impôts ; ils modéreraient leur activité inquiète en exigeant que des recettes nouvelles soient votées pour parer aux moins values occasionnées par des abaissements trop précipités.

Que si on suppose que le Conseil Supérieur et le Gouverneur eux-mêmes, renversant leurs rôles, cessent d'être un frein et qu'ils se laissent influencer par les vivacité des impressions locales, le Ministre de l'Intérieur serait là pour ramener à la prudence en réglant le budget, et si le Ministre par impossible désertait lui-même sa mission de tutelle, le Parlement en jetant sur le montant des recettes algériennes le *droit de regard* qu'il s'est réservé, ramènerait les uns et les autres dans la voie de l'équilibre budgétaire.

***

Projet de Vœu.

Aussi, Messieurs, est-ce sans hésitation que nous croyons devoir proposer à votre approbation l'exploitation directe des lignes algériennes par la colonie elle-même, après rachat, et si vous approuvez cette proposition nous serions heureux de vous la voir exprimer dans le vœu suivant :

« Le Syndicat Commercial,

« Après avoir demandé par sa délibération du 8 janvier dernier, que toutes les lignes de chemins de fer d'intérêt général non stratégiques rentrent en Algérie dans le domaine public de la Colonie ;

« S'occupant spécialement de la question du rachat ;

« Considérant qu'en présence de l'unanimité et de l'importance des critiques qu'elle a soulevées, la situation créée par les anciennes conventions passées avec les cinq Compagnies algériennes ne saurait subsister plus longtemps ; qu'elle ne satisfait ni aux intérêts du public qui est privé des avantages de rapidité et de bon marché que le régime des chemins de fer comporte cependant dans tous les pays, ni de ceux de la Colonie dont les charges financières menacent de s'éterniser, rendant ainsi plus difficile l'équilibre de son budget local, sans pour cela sauvegarder à tout événement l'intérêt des Compagnies elles-mêmes ; qu'il y a dès lors urgence et convenance à procéder au rachat ; que ce rachat actuellement effectué pour les lignes de la Franco-Algérienne peut, dans un avenir prochain, s'étendre à toutes les autres lignes, soit que ce droit puisse dès maintenant être exercé par l'Etat, soit qu'en fait les Compagnies ne fassent pas opposition à son exercice actuel ;

« Considérant que le rachat opéré par l'Etat pour le compte de l'Algérie il y aura lieu de statuer à nouveau sur le régime d'exploitation qui devra être établi sur les lignes algériennes ;

« Considérant qu'au point de vue technique, il est démontré que l'exploitation par une collectivité publique, n'est pas nécessairement inférieure à celle dirigée par une Compagnie privée, et qu'on peut même soutenir qu'en Algérie, l'exploitation par l'Etat eût donné à tous les points de vue de meilleurs résultats que l'exploitation par les Compagnies ; que d'ailleurs les reproches d'ordre purement politique que l'on peut adresser à l'exploitation par l'Etat, sous un gouvernement parlementaire, ne peuvent atteindre l'exploitation par la Colonie en Algérie ; qu'en effet l'organisation administrative de la Colonie par la division et l'opposition qu'elle suppose des autorités chargées de gérer les affaires publiques, laissera le Gouverneur libre d'assurer au mieux la marche des services, sans avoir à compter avec les abus du favoritisme ;

« Considérant, enfin, que dans un pays neuf l'exploitation des chemins de fer doit s'inspirer des principes de l'économie publique, c'est-à-dire être tournée dans le sens du développement de la colonisation qui est le grand intérêt général algérien ; que pareil objectif ne peut se rencontrer que de la part de la Colonie, organe des intérêt généraux, et non pas de la part d'une compagnie fermière uniquement adonnée à la poursuite du gain parce qu'elle est l'organe d'intérêts particuliers ;

« Emet le vœu :

« Que les Délégations financières et le Conseil supérieur, quand ils auront à délibérer, une fois le rachat effectué par l'Etat pour le compte de l'Algérie, sur le nouveau mode d'exploitation des lignes algériennes, décident que leur exploitation directe sera remise à la Colonie, laissant à l'exécutif le soin de réglementer ce nouveau service. »

DÉLIBÉRATION

La Chambre, à l'unanimité, adopte, convertit en délibération le rapport dont elle vient d'entendre la lecture, et en prescrit l'envoi à M. le Gouverneur général, aux Chambres de Commerce d'Algérie et aux Sénateurs et Députés Algériens.

Le Président,   *Le Secrétaire général,*
TACHET.   M. AUBERT.